# 숲이라는 세계

· 십 대와 사회를 연결하다 02 ·

# 숲

## 이라는 세계

최진우 글
도아마 그림

# 들어가며

만약 지구에서 숲이 사라진다면 어떻게 될까요? 여러분은 그런 상상을 한 번도 해본 적이 없을 겁니다. 숲이 사라진다니 말도 안 되는 질문처럼 생각되지만, 언젠가는 정말로 지구에서 숲이 사라질 수도 있습니다.

이미 전 세계적으로 숲과 나무들이 무분별한 개발과 벌목으로 사라지고 있으며, 기후위기로 인해 숲이 감당하기 어려울 정도로 큰 규모의 가뭄과 산불이 자주 발생하고 있습니다.

사람들은 누구나 숲과 나무를 좋아하기에 '아낌없이 주는 나무'가 없는 세상을 상상하기 어렵습니다. 누군가를 사랑하려면 그가 지난 세월을 어떻게 살아왔고, 요즘 어떻게 지내고 있는지 잘 알아야 합니다. 또한 그의 감정을 이해하고 어려운 형편을 헤아릴 수 있어야 합니다.

숲에 대해서도 마찬가지입니다. 우리는 숲과 나무를 잘 안다고 생각하지만, 사실 모르는 게 많습니다. 숲과 나무는 어떻게 생활하며, 우리에게 왜 중요할까요? 숲은 어떤 고유한 특성과 매력이 있을까요? 도시에서 자라는 숲은 행복할까요? 숲을 위해 앞으로 어떻게 행동해야 할까요? 아마 쉽게 답하기 어려울 것입니다.

인간은 숲과 떨어져 살아갈 수 없습니다. 우리가 숲에 관심을 가지고 나무를 아끼고 보살펴야만, 기후위기 시대를 슬기롭게 극복할 수 있습니다.

『숲이라는 세계』에는 청소년과 시민들이 반드시 알아야 하는 숲과 나무에 관한 정보가 담겨 있습니다. 이 책을 통해 자연과 함께 공존하기 위한 우리의 태도와 역할을 고민해 보면 좋겠습니다.

# 차례

## CHAPTER 1  세계의 숲

## CHAPTER 2  한국의 숲

## CHAPTER 3  도시의 숲

## CHAPTER 4   **자연의 숲**

## CHAPTER 5   **기후위기와 숲**

# CHAPTER 1

# 세계의 숲

# 01          숲이 가장 넓은 나라

2020년 기준으로 전 세계의 숲은 약 40억 6,000만 헥타르에 달하며, 육상 면적의 31퍼센트를 차지하고 있습니다. 숲이 가장 넓은 나라는 국토 면적이 가장 큰 러시아가 1위입니다. 러시아의 숲은 약 8억 헥타르로 지구 전체 숲의 20퍼센트를 차지하고 있습니다. 러시아에 이어 브라질, 캐나다, 미국, 중국, 호주 순으로 숲이 많은데, 대체로 국토 면적이 넓은 나라들과 일치합니다. 이처럼 국토 면적이 큰 상위 10개국에 전 세계 숲의 66퍼센트가 집중되어 있습니다.

### ◆ 국토에서 숲이 차지하는 비율

대부분 나라는 국토 면적과 대비해서 숲이 차지하는 비율이 생각보다 높지 않습니다. 숲이 가장 넓은 러시아가 48퍼센트, 브라질이 58퍼센트, 캐나다가 35퍼센트, 미국이 32퍼센트, 중국이 23퍼센트 정도입니다. 우리나라는 숲의 비율이 63퍼센트로, 경제협력개발기구(OECD)의 회원국 중에서 핀란드, 스웨덴, 일본에 이어 네 번째로 국토에서 숲의 비율이 높은 나라입니다.

# 02        기후 조건에 따라 다양한 숲

숲은 기온과 강수량에 따라서 지역별로 다양하게 펼쳐집니다. 기온은 위도와 고도에 따라 변화하고, 거기에 맞춰 숲도 띠 모양이 되어 삼림대라고 합니다. 위도에 따른 '수평적 삼림대'와 산지의 해발고도에 따른 '수직적 삼림대'가 있습니다. 삼림대의 주요 식물에 따라 한대·아한대 침엽수림, 온대 낙엽활엽수림, 난대·아열대 상록활엽수림, 열대림으로 구분됩니다. 열대와 온대 지방의 강수량이 많은 지역에는 우림(雨林)이 발달하기도 하고, 건기와 우기가 있는 아프리카 초원에는 나무가 듬성듬성 자라는 초원이 형성됩니다.

### ◆ 삼림대의 분포

열대림은 아프리카와 남아메리카, 태평양 섬나라 일대에 분포하며 전세계 숲의 45퍼센트를 차지하고 있습니다. 그다음으로 한대림이 27퍼센트를 차지하며 러시아의 시베리아, 북유럽의 스웨덴과 핀란드, 캐나다와 알래스카 일대에 분포합니다. 온대림은 미국과 중부유럽, 한국을 비롯한 동아시아를 중심으로 16퍼센트를 차지하며, 아열대림은 11퍼센트로 남부유럽과 미국 동부, 동남아시아와 일본, 호주와 뉴질랜드 등 오세아니아 일대에 주로 분포합니다.

# 03 지구의 허파,
## 아마존의 위기

브라질의 아마존은 약 300만 종의 식물과 동물을 비롯해 원주민 100만 명이 사는 거대한 숲입니다. 아마존 숲은 지구온난화의 속도를 늦추는 '지구의 허파'로 알려져 있습니다. 그러나 안타깝게도 최근 아마존 숲이 위기에 처했습니다. 2019년부터 2년간 아마존에서 소목축과 콩 재배, 광산을 개발하기 위해 서울시 면적의 30배나 되는 숲이 사라졌습니다. 그 결과 브라질은 기후위기로 인한 가뭄과 폭염에 더욱 취약해졌고, 생태계도 심각한 영향을 받고 있습니다.

### ◆ 탄소를 배출하는 아마존

과학자들은 아마존 숲이 더는 '지구의 허파'가 아니라고 경고합니다. 왜냐하면 아마존 숲의 탄소 흡수량보다 탄소 배출량이 더 많아졌기 때문입니다. 아마존 숲에서 벌채가 30퍼센트 이상 진행된 지역은, 20퍼센트 미만인 지역보다 탄소 배출량이 10배나 더 많다고 합니다. 현재 아마존 숲은 연간 5억 톤의 탄소를 흡수하고, 15억 톤의 탄소를 배출하고 있습니다.

# 04 생명의 나무, 바오밥

바오밥나무는 건기와 우기가 뚜렷한 열대 및 아열대 지역인 호주와 아프리카에서 자랍니다. 수명은 보통 1,000살 이상이며, 높이는 20미터, 둘레는 10미터 이상 성장합니다. 바오밥나무의 몸이 통통한 이유는 건기를 이겨내기 위해 뿌리나 줄기에 물을 최대 10만 리터까지 저장하기 때문입니다. 물을 가득 머금은 바오밥나무는 곤충, 조류, 포유류 등 다양한 동물에게 꽃과 열매, 그늘과 피난처를 제공합니다. 이처럼 바오밥나무는 생태계의 균형을 유지하는 데 매우 중요한 역할을 하여 '생명의 나무'로 불립니다.

#### ◆ 원주민의 삶을 지탱하는 나무

바오밥나무는 동물뿐만 아니라 원주민에게도 많은 것을 제공합니다. 열매는 비타민C가 많은 훌륭한 영양 공급원이고, 잎은 말려서 요리의 재료로 사용하고, 꽃에서 벌꿀을 채취할 수도 있습니다. 이외에도 껍질로 지붕을 엮거나 생활용품을 만들고, 나무줄기에 곡식을 저장하기도 합니다.

# 05 바다의 숲

바다에도 숲이 있습니다. 바다에는 미역, 다시마, 감태 등의 해조류와 잘피와 같은 해초류가 숲처럼 무성하게 모여 있습니다. 이러한 바다숲은 해양생물이 포식자로부터 몸을 숨기는 은신처이자 먹이가 풍부한 서식지로서, 해양의 생물다양성을 유지하는 데 중요한 역할을 합니다. 또한 중금속이나 오염 물질을 제거하며, 광합성을 통해 탄소를 흡수하여 지구온난화 방지에도 이바지합니다. 그러나 환경오염과 기후위기로 바다가 사막화되는 '갯녹음 현상'이 확대되면서 위기에 처했습니다.

### ◆ 블루카본(Blue Carbon)

블루카본은 바다숲과 같은 해양 생태계에서 흡수하는 탄소를 뜻합니다. 2019년 '유엔의 기후변화에 관한 정부간 협의체(IPCC)'는 블루카본을 온실가스를 감축하는 주요한 수단으로 인정했습니다. 유엔의 보고서에 따르면 해양 생태계가 탄소를 흡수하는 속도가 육상 생태계보다 최대 50배 이상 빠르다고 합니다.

# 06        세계에서 가장 큰 나무

세계에서 가장 큰 나무는 미국 캘리포니아주 세쿼이아 국립공원에 있는 자이언트 세쿼이아인 '제너럴 셔먼 트리'입니다. 미국 시민전쟁 당시 장군이었던 윌리엄 셔먼의 이름에서 비롯된 제너럴 셔먼 트리는 높이가 84미터이고 둘레는 31미터에 달하는데, 나무 주위를 에워싸려면 성인 20명이 필요합니다. 기원전부터 살아 있었고, 나이는 2,300~2,700살로 추정됩니다. 껍질이 두꺼워서 100여 차례의 산불에도 살아남았고, 뿌리가 넓게 퍼져서 가뭄에도 잘 견뎌왔습니다.

## ◆ 세계에서 가장 오래된 나무

세계에서 가장 오래된 나무는 미국 캘리포니아주에 있는 강털소나무인 '므두셀라'입니다. 1957년 과학자 에드먼드 슐먼이 이 나무를 발견하고, 성경에서 969살까지 산 것으로 묘사된 노아의 할아버지 이름을 붙였습니다. 므두셀라의 나이는 2023년 기준으로 4,855살로 추정되는데, 아주 더디게 자라서 그다지 크지 않다고 합니다. 미국 산림청은 훼손을 우려하여 므두셀라의 정확한 위치를 알리지 않고 있으며, 사진조차 공개하지 않고 있습니다.

# 07 나무의
## 쓸모

나무는 서로 비슷하게 생겼어도 종류에 따라서 성장하는 속도가 다릅니다. 유칼립투스, 포플러, 낙엽송처럼 빨리 자라는 나무는 예전부터 종이와 목재 등으로 다양하게 활용되어 인류에게 쓸모가 많았습니다. 옛날에 딸이 태어나면 오동나무를 심는다고 했는데, 시집갈 때 나무를 베어서 가구로 만들 만큼 빨리 자랐기 때문입니다. 또한 알비지아와 아까시나무 같은 콩과 식물의 나무는 척박한 땅에서도 잘 자라며, 뿌리에서 질소를 고정하여 땅을 비옥하게 만드는 효과도 있습니다.

## ◆ 세계에서 가장 빨리 자라는 나무

동남아시아 열대 지방에서 서식하는 알비지아는 세계에서 가장 빨리 자라는 나무로 기네스북에 등재되어 있습니다. 알비지아는 지역별로 조금씩 차이가 있지만 심은 지 13개월 만에 키가 10.7미터까지 자라고, 4년 동안 20미터, 12년 동안 36미터까지 자란다고 합니다. 또한 하루 평균 2.5센티미터씩 자란다는 연구 결과도 있습니다. 성장 속도가 빠른 덕분에 알비지아는 목재로 많이 사용되고 있습니다.

# 08      국가를 상징하는
## 나무

우리나라를 상징하고 대표하는 나라꽃은 무궁화입니다. 나라꽃은 주로 풀꽃이 많은데, 우리나라처럼 나무꽃을 정한 국가들이 있습니다. 가장 대표적인 나무꽃은 장미입니다. 미국은 장미를 영원한 생명, 사랑과 헌신을 상징하는 나라꽃으로 지정하여 백악관에도 장미정원을 만들었습니다. 또한 잉글랜드는 장미가 왕실의 상징이기도 합니다. 이외에도 뉴질랜드의 회화나무, 칠레의 동백나무, 예맨의 커피나무, 이스라엘의 올리브, 네팔의 만병초, 북한의 함박꽃나무가 있습니다.

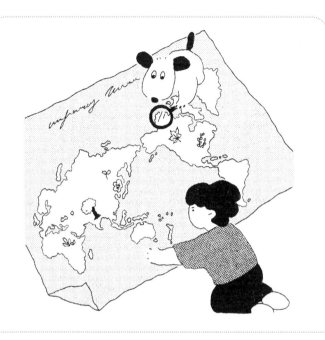

## ◆ 국민이 사랑하는 꽃과 나무

일본의 나라꽃은 흔히 벚꽃으로 알고 있거나 일본 왕실의 문장으로 우표와 화폐에 사용되는 국화라고 생각하겠지만, 공식적으로 정해진 것은 아닙니다. 중국도 나라꽃을 아직 공식적으로 정하지 않았는데, 모란과 매화가 중국을 대표하고 있습니다. 캐나다의 경우에는 설탕단풍나무를 나라꽃으로 지정했고, 국기에도 빨간 단풍잎이 그려져 있을 정도로 설탕단풍나무에 대한 사랑이 지극합니다.

# 09 사라지는 지구의 원시림

인간의 영향을 받지 않고, 야생이 파괴되지 않은 자연 그대로의 원시림은 전 세계에 약 10억 헥타르가 존재합니다. 원시림의 61퍼센트는 브라질, 캐나다, 러시아에 있으며, 나머지는 아프리카, 동남아시아, 오세아니아 일대에 분포하고 있습니다. 원시림은 기후와 강수량을 조절하고, 원주민에게 삶의 터전을 제공하며, 높은 생물다양성과 막대한 탄소저장고로서 가치가 큽니다. 그러나 농경지와 자원 개발로 숲을 훼손하면서 원시림이 가파르게 사라져 가고 있습니다.

◆ **원시림의 소멸 예측**

현재 속도대로 숲이 파괴될 경우, 일부 나라에서는 약 15~20년 이후 원시림이 완전히 소멸할 것입니다. 2030년에는 파라과이, 라오스, 적도기니에서, 2040년에는 중앙아프리카, 니카라과, 미얀마, 캄보디아, 앙골라 등에서 원시림이 사라질 것으로 우려됩니다. 이에 2021년 유엔기후변화협약 당사국총회에서 100여 개국의 지도자들이 2030년까지 황폐해진 숲을 복원하고, 벌목을 중단하기로 서명했습니다.

# 10 　산불로 위협받는
## 야생동물

유엔환경계획(UNEP)은 인류가 기후위기를 방치한다면, 2050년에는 산불이 지금보다 30퍼센트나 더 늘어난다고 경고했습니다. 2019~2020년 호주에서 발생한 대형 산불은 야생동물 10억 마리의 목숨을 앗아갔습니다. 수천 마리의 캥거루가 불타 죽거나 다쳤고, 코알라는 물을 찾아 강으로 몰려오거나 길거리로 나와 여행객들에게 물을 구걸하기도 했습니다. 이 산불로 야생동물 100여 종이 멸종 위기에 처했고, 이들의 서식지가 절반 이상 피해를 보았으리라 추정하고 있습니다.

### ◆ 코알라의 눈물

호주의 대형 산불로 뉴사우스웨일스 지역에서 코알라 개체 수가 24퍼센트나 감소했습니다. 코알라가 좋아하는 먹이인 유칼립투스 나무도 극심한 더위와 가뭄으로 잎의 수분과 영양 함량이 점점 감소하고 있습니다. 코알라의 유전적 다양성도 줄어들고 적응 능력이 갈수록 취약해지는 탓에, 2050년에는 호주에서 코알라가 멸종될 수도 있습니다.

# 칼럼 1. 숲은 생물다양성의 요람

지구에는 숲, 습지, 호수, 강 등의 다양한 생태계가 존재합니다. 생물다양성이란 지구상의 생물종, 생물이 서식하는 생태계, 생물이 지닌 유전자의 다양성을 모두 포함하는 말입니다.

생물다양성은 오염 물질을 흡수하거나 분해하여 대기와 물을 깨끗하게 만들고, 토양의 비옥도와 적절한 기후 조건을 유지하는 데 중요한 역할을 합니다.

특히 지구 표면의 31퍼센트를 차지하는 숲은 다른 어떤 생태계보다 생물다양성이 풍부한 장소입니다. 숲에는 나무와 풀이 우거져 있고, 비옥한 토양과 물이 있어 생물이 살아가기 좋은 환경입니다.

유엔의 '지구 생물다양성전망 보고서'에 따르면, 전 세계에는 1,400만여 종 이상의 생물이 살고 있다고 합니다. 현재까지 175만여 종만 알려졌는데, 육상에서 사는 동물, 식물, 곤충의 80퍼센트가 숲에 서식하고 있습니다.

새와 곤충, 개구리와 뱀, 물고기와 가재, 다람쥐와 멧돼지, 버섯과 이끼, 그리고 토양의 지렁이와 미생물까지. 숲은 온갖 생물이 먹이를 마련하고 번식하는 삶의 터전이자, 죽어서 돌아갈 영원한 쉼터입니다.

인류는 지금까지 생물다양성이 유지된 덕분에 자연으로부터 식량과 의약품, 연료와 자재를 구할 수 있었습니다. 그러나 기후위기와 환경오염으로 생물다양성이 풍부한 숲이 점점 사라지고 있습니다. 생물다양성이 감소할수록 인류가 생존할 확률도 줄어듭니다. 그래서 지구의 숲이 더는 훼손되지 않도록 적극적인 보호와 노력이 필요합니다.

숲은 생물다양성의 요람이자 지구의 미래입니다.

## 칼럼 2. 숲을 보호하기 위한 노력

기후위기는 자연의 파괴를 가속화하고, 자연이 파괴될수록 기후위기를 강화하게 됩니다.

정부는 기후위기에 대응하려고 여러 대책을 세웠지만, 각종 개발 사업으로 2015년부터 2020년까지 5년간 여의도 165개 크기의 숲이 사라졌습니다. 이러한 속도라면 우리나라에서 2050년까지 서울시의 5배나 되는 3,000제곱킬로미터의 숲이 사라질 것입니다.

산림청의 '2050 탄소중립 산림부문 추진전략'에 따르면, 앞으로 30년간 다양한 숲을 조성하고 생태복원 사업을 통해 탄소 흡수량을 강화하는 것에 초점을 두고 있습니다. 그러나 손실되는 숲의 25퍼센트에 불과한 수준입니다.

우리나라뿐만 아니라 인류가 기후위기에 대응하기 위해서는 숲의 보호가 우선입니다. 숲은 중요한 탄소저장고이면서 생물다양성이 풍부한 생명의 터전입니다. 무분별한 개발로 숲이 줄어들면 치명적인 결과를 가져

옵니다. 온실가스 배출을 줄이고, 남은 온실가스를 흡수해 탄소 배출량을 0으로 만드는 탄소중립 전략이 목표를 달성하더라도, 숲을 되돌리지 못하면 대기 중의 탄소 농도는 증가할 수밖에 없습니다.

숲에 저장된 탄소는 나무보다 토양에 더 많습니다. 토양의 탄소 저장량은 대기보다 2~3배는 더 많아서, 토양이 건강해야 기후위기에 효과적으로 대처할 수 있습니다.

2022년 12월, 캐나다 몬트리올에서 열린 제15차 유엔 생물다양성협약 당사국총회에서 2030년까지 생물다양성 보호를 위해 생태적으로 중요한 보호지역을 30퍼센트까지 확대하기로 196개국이 약속했습니다. 기후위기는 인간과 자연이 함께 연대해야 막을 수 있습니다.

문명의 발전으로 훼손된 자연을 지금부터라도 적극적으로 회복시켜야만 지구를 살릴 수 있습니다.

CHAPTER 2

한국의

숲

# 11        산을 사랑하는 한국

우리나라에는 총 4,440개의 산이 있고, 국토의 63퍼센트가 산지라 어디서든 산을 볼 수 있습니다. 우리나라 사람들은 대개 산을 좋아하고 동경합니다. 일상적으로 동네의 앞산을 산책하고, 명절이 되면 조상을 모시러 산소(山所)에 갑니다. 또한 계절이 바뀌면 명산에 여행을 떠나고 싶어 합니다. 그러면 우리나라 사람들이 제일 좋아하는 산은 어디일까요? 설악산이 1위이고, 그다음으로 지리산, 한라산, 북한산, 내장산, 주왕산, 계룡산, 도봉산, 무등산, 속리산 등이 한국의 10대 명산으로 꼽히고 있습니다.

## ◆ 풍수지리로 보는 한국

우리의 선조들은 산으로 겹겹이 에워싸인 환경에 적응하기 위해 풍수지리설을 활용했습니다. 나라의 수도나 고을에는 주인이 되는 산을 정하여 공간의 질서를 갖추었고, 마을은 산을 등지고 물을 내려다보는 곳에 자리 잡았습니다. 찬바람과 홍수를 막기에 산이 부족하면, 의도적으로 숲을 조성하기도 했습니다. 이처럼 산의 환경과 조화를 이루는 게 한국의 특징입니다.

# 12 한국에서 가장 오래된 나무

우리나라에서 1,000살 이상 되는 나무는 모두 11그루가 있습니다. 그중에서 가장 오래된 나무는 울릉도 도동의 향나무입니다. 암벽에서 거친 바닷바람을 이겨내며 살아왔으며, 나이는 약 2,000살로 추정됩니다. 한때 태풍으로 가지가 부러지고 뿌리가 드러나 위기에 처했지만, 주민들의 보살핌으로 잘 살아가고 있습니다. 울릉도의 향나무는 '석향'이라고 부르며, 가장 좋은 향을 가진 최고의 향나무로 꼽습니다. 그러나 일제강점기에 향나무가 마구 베어진 탓에 현재는 급경사지에 일부만 남아 있습니다.

## ◆ 천연기념물로 지정된 나무

우리나라는 오래된 숲과 나무를 천연기념물로 지정하여 국가에서 보호하고 있습니다. 대표적으로 강원도 정선군의 두위봉에 있는 주목은 1,400살이 넘었으며, '살아 천년, 죽어 천년'이라 불릴 만큼 같은 자리에서 오랫동안 볼 수 있는 나무입니다. 그리고 경기도 양평군 용문사의 은행나무는 1,100살에 동양에서 가장 큰 은행나무로 알려졌습니다. 이와 더불어 우리가 지켜야 하는 보호수만 전국에 약 1만 4,000그루가 있습니다.

# 13 한반도를 잇는
## 백두대간

백두대간(白頭大幹)은 백두산에서 지리산까지 이어지는 한반도의 중심 산줄기로 길이가 약 1,400킬로미터에 이릅니다. 백두대간은 1정간 13정맥으로 구성되어 있습니다. 산은 자연스레 강을 가르고, 사람이 사는 지역을 나눕니다. 경상도, 충청도, 전라도를 나누는 경계선도 바로 백두대간입니다. 그리고 영남은 백두대간의 남쪽, 영동은 백두대간의 동쪽, 영서는 백두대간의 서쪽을 가리킵니다. 이처럼 한반도의 지역과 문화를 나누는 중심에는 백두대간이 있습니다.

## ◆ 한반도의 인문지리학

땅속의 지질에 따라서 정리된 산맥지도는 서양에서 발전된 '자연지리학'이고, 백두대간은 한반도의 생활 공간을 이해하는 '인문지리학'입니다. 백두대간은 한반도를 연결하는 골격으로 우리나라가 지리적으로 하나라고 느껴지도록 만들었습니다. 그리고 물이 모이는 유역을 크고 작은 산줄기로 구분하여, 선조들의 생활과 문화의 바탕이 되었습니다.

# 14 　유네스코에 등록된 사찰들

유네스코 세계유산목록에는 '산사, 한국의 산지 승원'이란 이름으로 우리나라의 사찰들이 등재되어 있습니다. 이 사찰은 통도사(영축산), 부석사(도비산), 봉정사(천등산), 법주사(속리산), 마곡사(태화산), 선암사(조계산), 대흥사(두륜산)입니다. 산사(山寺)는 한자어 그대로 '산속에 있는 절'로서 모두 빼어난 명산의 성스러운 장소에 입지하고 있습니다. 이외에도 지리산의 화엄사, 오대산의 월정사, 가야산의 해인사 등 국립공원의 주요 명소 곳곳에 사찰이 있어 우리나라의 고유한 문화경관을 형성하고 있습니다.

#### ◆ 한국 사찰의 특징

오래된 사찰이 있는 장소는 배산임수형으로 뒤에는 산의 능선이 묵직하게 들어오고, 앞에는 계곡을 접하고 있습니다. 입구의 문을 지나 계곡의 다리를 건너야 사찰 안으로 들어갈 수 있고, 탁 트인 전경을 바라볼 수 있는 능선 아래에 대웅전이 있습니다. 조선시대 불교를 탄압하는'억불정책'으로 도심의 사찰은 쇠퇴했으나, 깊은 산속의 사찰은 지금까지 명맥을 유지하고 있습니다.

# 15         재난으로부터 마을을 지켜주는 숲

옛날에는 마을의 안녕을 기원하기 위해 풍수지리설에 근거하여 나무와 숲을 중요시했습니다. 숲이 마을의 전면부를 가려서 외부에 노출되는 것을 막아주고, 정서적으로 안정된 환경을 제공해주었습니다. 그리고 하천 주변에 나무를 심어 홍수를 막고 농경지와 마을을 보호하고, 숲을 통해 바닷바람과 매서운 북서풍을 막는 데 활용하기도 했습니다. 우리의 조상들은 마을을 지켜주는 나무와 숲을 수호신으로 여기며, 자연과 깊은 관계를 맺어왔습니다.

## ◆ 우리가 지켜야 하는 마을숲

마을숲은 생활과 관련이 있고 주민들과 정서적으로 교감하는 숲을 말합니다. 숲은 마을을 보호하고, 주민은 숲을 지키면서 오랫동안 함께 살아왔습니다. 그러나 근대화 과정에서 도로가 늘어나고, 마을의 길을 넓히고, 하천이 정비되는 과정에서 마을숲이 많이 사라졌습니다. 마을숲은 우리나라의 역사와 문화를 나타내는 중요한 경관으로서 잘 보전해야 합니다.

# 16 우리 민족의 나무,
소나무

소나무는 우리 민족의 삶과 정서에 큰 영향을 끼쳐왔습니다. 아이가 태어나면 생솔가지가 꽂힌 금줄을 매달았고, 솔가지와 솔잎으로 지핀 불로 밥을 지어 먹었으며, 소나무 껍질로 허기진 배를 달래기도 했습니다. 죽어서는 소나무로 만든 관에 묻히고, 소나무가 둘러싸인 무덤에서 영원한 안식을 취했습니다. 또한 소나무를 굳은 기상과 절개 그리고 장수의 상징으로 여겼습니다. 애국가에 등장하는 남산의 소나무는 한국인의 강인한 의지를 표현하고 있습니다.

## ◆ 조선시대에 가장 중요한 나무

조선시대에는 소나무를 중요한 자원으로 여겨 나라에서 보호했습니다. 오래되어 속이 누렇고 목질이 단단한 양질의 소나무를 황장목이라 칭하고 왕실의 관으로 제작했고, 황장목을 확보하기 위해 산에서 소나무를 베지 못하도록 엄격하게 관리했습니다. 특히 경상북도 북부와 강원도 지역의 소나무는 춘양목과 금강송으로 불리며, 고급 자재로서 건축과 가구에 사용됐습니다.

# 17         우리 민중의 나무,
## 참나무

참나무는 소나무에 비해 하찮게 여겨졌지만, 오래전부터 살림살이의 기본이 되는 나무였습니다. 우리나라 어디서나 잘 자란 덕분에 땔감과 숯으로 사용됐고, 열매인 도토리는 배고픈 민중의 먹을거리였습니다. 그리고 참나무를 통해 버섯을 키우고, 숲과 논을 비옥하게 만들기도 했습니다. 이처럼 참나무는 민중의 생활과 밀접한 관계를 맺은 나무입니다. 예로부터 우리는 '좋은 것' 또는 '진짜'의 의미를 담아 '참'이란 단어를 사용했습니다. 참나무는 진짜 나무입니다.

## ◆ 참나무의 종류

사실 참나무라는 명칭의 나무는 없습니다. 참나무과에 속하는 나무
만 있을 뿐입니다. 대표적으로 넓은 잎을 쉽게 구해 짚신의 깔창으
로 쓴다는 신갈나무, 도토리묵 맛이 가장 좋고 잎이 작아 졸병인 졸
참나무, 가을 늦게까지 커다란 잎사귀를 자랑하는 갈참나무, 두꺼운
줄기 껍질을 잘라내 집의 지붕으로 삼는 굴참나무, 떡이 상하지 않
게 감싸주는 떡갈나무, 임금님 수라상에 도토리묵을 올렸다는 상수
리나무 등이 있습니다.

# 18      외국에서 들여온 나무들

우리 주변에서 흔히 보는 나무는 원래 살던 고유종이 아니라, 외국에서 들여온 외래종인 경우가 많습니다. 우리나라는 예로부터 중국의 영향을 많이 받았습니다. 그래서 중국으로부터 은행나무, 회화나무, 매실나무, 살구나무, 모과나무, 백목련, 백송, 모란 등을 들여왔습니다. 한국전쟁 이후에는 민둥산을 녹화하기 위해 미국에서 아까시나무와 리기다소나무를 가져왔고, 일본에서 낙엽송과 편백을 들여와 심었습니다. 이외에도 도시의 조경수로 스트로브잣나무, 서양측백, 백합나무, 자귀나무, 노무라단풍, 중국단풍, 계수나무, 대왕참나무 등의 다양한 나무를 외국에서 들여왔습니다.

## ◆ 전 세계로 퍼진 구상나무와 라일락

크리스마스트리로 유명한 구상나무는 국내에서만 자라는 특산종입니다. 구상나무는 균형 잡힌 원뿔 모양에 짙푸른 잎을 가진 잘생긴 나무여서, 미국과 유럽의 식물 채집가들이 어린나무를 가져가 개량하여 판매하고 있습니다. 전 세계 라일락 시장을 석권한 '미스김 라일락'도 미국의 식물 채집가가 우리나라 라일락 종자를 개량해서 만든 것입니다.

# 19 민둥산이
# 무성해진 이유

한반도는 일제강점기와 한국전쟁을 거치면서 거의 모든 산에서 나무가 사라졌습니다. 일제의 수탈과 전쟁으로 숲이 파괴된 것도 있지만, 나무가 없어진 가장 큰 원인은 나무 땔감을 주요 연료로 사용했기 때문입니다. 1950년대까지만 하더라도 나무 땔감이 연료에서 차지하던 비중이 90퍼센트를 웃돌았습니다. 우리나라 정부에서 자연을 복원하기 위해 1965년부터 산림녹화 사업을 적극적으로 진행했지만, 사실 주요 연료가 나무 땔감에서 석탄과 석유로 바뀐 덕분에 민둥산이 다시 무성해질 수 있었습니다.

### ◆ 산림녹화 사업의 이면

산림녹화 사업의 이면에는 동남아시아 열대림의 훼손이 있었습니다. 1960년대 정부는 부족한 목재를 충당하기 위해 필리핀과 인도네시아에서 값싼 원목을 대량으로 수입했고, 수입한 원목으로 만든 합판이 그 시절 우리나라의 주요 수출 상품이었습니다. 이처럼 우리나라의 숲 대신 동남아시아 열대림을 훼손한 덕분에 산림녹화 사업에 성공할 수 있었습니다.

# 20 점점 쇠퇴하는 침엽수

현재 해발 1,200미터 이상의 아고산대에 분포하는 구상나무, 분비나무, 가문비나무 등의 침엽수가 점점 쇠퇴하고 있습니다. 국내 최대의 침엽수 군락지인 한라산과 지리산에서는 구상나무의 90퍼센트가 말라 죽었습니다. 혹독한 환경에서 200년 이상 거뜬히 살아가는 침엽수가 급속히 죽어가는 이유는 무엇일까요? 기후위기로 겨울과 봄의 평균 기온이 높아지며 적설량이 감소하고, 예전보다 가뭄의 빈도가 증가하면서 수분 부족 등에 의한 복합적인 스트레스가 주요 원인으로 꼽히고 있습니다.

◆ **침엽수가 말라 죽는 과정**

겨울이 되면 나무들도 긴 휴식에 들어갑니다. 그런데 기온이 상승하면, 겨울철에도 잎을 달고 있는 침엽수는 쉬지 못하고 생리적 활동을 지속하게 됩니다. 게다가 겨울에 내린 눈이 적거나 가뭄으로 수분이 부족하면, 침엽수는 광합성을 하지 못하므로 몸속의 영양분만 소모하다가 서서히 쇠약해지면서 말라 죽습니다.

# 칼럼 3. 우리가 보살펴야 하는 보호수

보호수는 노목(老木), 거목(巨木), 희귀목(稀貴木)처럼 역사적으로 특별한 가치가 있는 나무를 말합니다. 하지만 각종 개발사업으로 보호수는 생존의 위협을 받고 있습니다. 2016년부터 2020년까지 관리 부실로 죽은 보호수만 295그루나 됩니다.

과거에는 보호수가 마을과 주민을 지켜준다고 믿었지만, 오늘날 사람들은 보호수를 더는 신성하게 여기지 않습니다. 보호수와 함께 아직도 수백 년 된 오래된 나무가 도시 곳곳에 남아 있습니다. 보호수와 오래된 나무를 어떻게 하면 보존할 수 있을까요?

우선 오래된 나무에 대한 사람들의 인식부터 긍정적으로 바뀌어야 합니다. 드라마 〈이상한 변호사 우영우〉에 나와 천연기념물로 지정된 '우영우 팽나무'로 오래된 나무의 가치가 알려졌지만, 아직도 한참 부족합니다. 오래된 나무에 전해지는 이야기가 널리 알려지고, 주민들과 특별한 관계를 맺을 수 있어야 합니다.

크고 오래된 나무의 문화적 가치는 같은 시대를 살아가는 시민들의 관심과 태도에 달려 있습니다. 이제 시민들이 나무와 함께하는 문화를 만들어야 할 때입니다. 시민들의 관심이 멀어지면 보호수라 할지라도 지키기 어렵습니다.

현재 우리 곁에는 새롭게 자라난 나무가 많이 있습니다. 아파트와 샛길의 나무, 학교와 공공기관의 나무, 거리의 가로수가 시민들의 관심을 기다리고 있습니다. 나무와 함께하는 문화는 우리 동네에서 시작될 수 있습니다.

동네 주민들이 직접 나무를 조사하고 의미를 담아낼 수 있다면, 보호수와 오래된 나무의 존엄성도 바로 세울 수 있을 것입니다.

## 칼럼 4. 불타버린 숲은 어떻게 복구해야 할까?

2022년 3월, 경상북도 울진군과 강원도 삼척시에서 대형 산불이 발생한 이후에도 큰 산불이 끊이지 않고 있습니다. 산불의 피해는 점점 커지고 있으며, 지역 주민과 야생동물의 삶터를 앗아가고 있습니다.

국내의 대형 산불은 유독 소나무 숲에서 자주 발생합니다. 지금까지 정부는 수분을 많이 포함한 낙엽활엽수를 베어버리고, 불에 잘 붙는 소나무만 남기는 '숲가꾸기' 사업을 많이 해왔습니다. 이처럼 소나무에 대한 집착이 오히려 산불에 취약한 숲을 만든 것입니다.

그러면 산불로 불타버린 숲은 어떻게 복구하면 좋을까요? 불에 탄 나무를 베어내고 나무를 새롭게 심어야 할까요? 아니면 자연 스스로 회복하도록 그대로 둘까요? 이러한 논의는 20년 전부터 계속되었고, 지금은 자연 스스로 회복하는 게 효과적이라고 증명되었습니다.

산불이 지나간 지역은 햇빛을 가리는 큰 나무가 없고, 토양의 양분도 풍부합니다. 그래서 땅속에 남아 있는 나무뿌리와 줄기, 씨앗이 빠르게 성장할 수 있어서 다양한 생물이 어우러지는 숲으로 회복됩니다.

이에 반해 불에 탄 나무를 제거하고 나무를 심기 위해 중장비가 투입되면, 토양이 침식되고 숲의 자연적인 회복 능력에 피해를 줍니다. 특히 큰 비가 오면 산사태가 발생하는 등 2차 피해로 이어질 수도 있습니다.

기후위기로 빈번해지는 산불에 대비하기 위해서 숲에 사는 나무의 종류를 다양하게 하고, 자연의 회복력에 기반하여 숲을 생태적으로 관리하는 방향으로 전환해야 합니다.

# CHAPTER 3

# 도시의 숲

# 21 도시에서 많이
## 볼 수 있는 나무

도시에서도 다양한 종류의 나무를 만날 수 있습니다. 도시의 작은 산에서는 참나무와 팥배나무가 자라고, 물가에는 어디서나 버드나무가 있습니다. 오래된 공원과 아파트, 학교에도 잘 가꾸어진 아름다운 나무들이 많습니다. 도시에는 주로 느티나무, 단풍나무, 벚나무, 은행나무, 메타세쿼이아, 소나무 등이 많습니다. 서울의 대표적인 공원 중 하나로 시민들이 많이 찾는 '서울숲'에 가보면 앞서 말한 나무뿐만 아니라, 스트로브잣나무나 플라타너스라 불리는 키가 큰 양버즘나무도 볼 수 있습니다.

## ◆ 우리나라의 대표적인 가로수

전국에는 약 1,000만 그루의 가로수가 심어졌습니다. 가장 많이 볼 수 있는 가로수는 벚나무와 은행나무이며, 다음으로 이팝나무, 느티나무, 배롱나무, 양버즘나무 순입니다. 예전에는 가로수가 대부분 은행나무와 양버즘나무밖에 없었는데 점차 종류가 다양해지고 있습니다. 현재 서울시의 가로수만 따지면 은행나무가 34퍼센트, 양버즘나무 19퍼센트, 느티나무 12퍼센트, 벚나무가 11퍼센트를 차지하고 있습니다.

# 22 아파트에 생겨난 숲

도시에 인구가 집중되면서 아파트가 계속 늘어나고 있습니다. 아파트를 짓기 위해 산을 허물고 생태계를 파괴했지만, 아파트와 같은 공동주택단지를 건설하려면 법적으로 일정한 녹지 면적을 갖추어야 합니다. 이러한 법 덕분에 아파트에 심어진 나무들이 시간이 흘러 숲으로 변모할 수 있었습니다. 2020년 기준 경기도의 공동주택단지 녹지의 총면적은 경기도 도시공원 면적의 절반에 해당할 정도로 많아졌습니다. 현재 아파트에 조성된 숲은 도시공원 못지않게 시민들의 중요한 녹지 공간으로 평가받고 있습니다.

#### ◆ 아파트 탐조

도시에 숲이 울창해지면서 사라졌던 야생동물이 다시 찾아오고 있습니다. 도시 주변에 서식하는 새들이 먹이를 찾으러 아파트에 오고, 철새들이 잠시 도시의 숲에 쉬었다 가기도 합니다. 이제 먼 곳에 가지 않고 아파트에서 새를 관찰하는 '아파트 탐조'도 인기를 끌고 있습니다. 우리가 사는 아파트에 어떤 새들이 살고 있는지 함께 살펴보면 어떨까요?

# 23    폭염을 막아주는
## 가로수

여름철 가로수의 그늘은 주변보다 온도가 15.4도나 낮고, 횡단보도에 설치하는 그늘막보다 7도나 더 낮습니다. 그 이유는 나뭇잎으로 그늘을 만들어 직사광선을 막아주고, 뿌리에서 흡수한 물을 잎에서 내뿜는 '증산작용'으로 도로의 열을 식혀주기 때문입니다. 특히 도로 중앙에 잔디와 함께 있는 가로수가 온도를 낮추는 데 큰 효과가 있습니다. 만약 도시에 가로수가 없다면 폭염으로 인한 문제가 더욱 심각해질 것입니다.

#### ◆ 도시의 녹색 혈관

가로수는 쾌적하고 시원한 도시를 만들고, 미세먼지와 같은 대기오염 물질을 줄여주며, 탄소를 흡수하고, 걷고 싶은 아름다운 길을 제공합니다. 또한 가로수는 녹지가 부족한 도시에 새와 곤충의 서식지를 제공하고, 단절된 생태계를 연결하여 도시의 생물다양성에도 이바지합니다. 큰 공원의 숲이 도시의 허파라면, 하천과 도로변의 가로수는 도시의 녹색 혈관입니다.

# 24 은행나무를 가로수로
선정한 이유

가을마다 은행나무에서 떨어진 열매와 악취로 시민들이 불편을 겪고 있습니다. 은행나무는 어떻게 가로수가 된 걸까요? 가로수는 길가의 좁은 공간에서 잘 생존하고, 병해충에 강하고, 대기를 정화하는 능력이 뛰어나고, 녹음과 시원한 그늘을 주어야 합니다. 은행나무는 이 모든 조건을 갖추고 단풍까지 아름다워서 가로수로 선정될 수 있었습니다. 또한 예전에는 은행나무 열매를 생활 약제이자 음식으로 많이 활용했습니다. 이처럼 은행나무는 불편한 점도 있지만, 유익한 점이 훨씬 더 많은 가로수입니다.

#### ◆ 은행나무는 살아 있는 화석

은행나무는 중생대 쥐라기와 백악기 때부터 살았던 나무로 '살아 있는 화석'으로 불립니다. 공룡과 함께 멸종되지 않고 지금까지 살아온 은행나무의 생명력에는 인간의 영향도 있습니다. 은행나무는 인간의 필요에 따라 널리 심어지고 퍼트려졌습니다. 특히 동아시아 유교 문화권에서 은행나무가 천년을 가는 나무이면서 암수가 따로 있어 '점잖은 존재'라고 여겨졌기에 향교와 서당에서 많이 재배했습니다.

# 25 나뭇가지를 잘라도 괜찮을까?

도시에서 나무를 기르기 위해서는 가지치기가 필요합니다. 가지치기는 나무의 건강과 안전, 도시환경의 필요에 따라 줄기나 가지 일부를 잘라내는 작업입니다. 그런데 과도한 가지치기로 나무를 닭발이나 몽둥이처럼 만들어 놓는 경우도 볼 수 있습니다. 미국국가표준협회와 국제수목관리학회는 나무의 생존을 위협하지 않도록 가지치기를 25퍼센트 범위로 제한하고 있습니다. 줄기와 나뭇가지가 잘려도 끄떡없는 나무는 없으며, 풍성하게 자란 큰 나무를 함부로 잘라서는 안 됩니다.

## ◆ 과도한 가지치기의 위험성

줄기와 가지가 많이 잘린 나무는 광합성을 하려고 가늘고 긴 가지 (도장지)를 대량으로 발생시킵니다. 도장지는 부착면이 약하고 구조적으로 불안정해서 강한 바람에도 쉽게 떨어질 수 있습니다. 또한 굵은 가지의 잘린 면에 나무를 썩게 하는 세균이 스며들기라도 하면 나무 속까지 까맣게 썩어버립니다. 속이 썩어버린 나무는 흙처럼 부스러지기 쉬워서, 갑자기 쓰러질 수 있기에 매우 위험합니다.

# 26 꽃가루 알레르기의
## 진짜 범인

따스한 봄날에는 꽃가루 알레르기로 고생하는 사람들이 많습니다. 꽃가루 알레르기를 유발하는 진짜 범인은 누구일까요? 나무 중에서 소나무와 참나무가 가장 많은 꽃가루를 날리며, 참나무의 꽃가루는 알레르기를 유발하는 성질이 강합니다. 현재 기후위기로 지구의 기온이 상승하면서 꽃가루가 날리는 기간이 더욱 늘어나고 있습니다. 만약 기후위기가 가속화되면 꽃가루 알레르기 환자가 급증하고, 면역력이 약한 노약자와 어린이가 큰 피해를 겪을 수도 있습니다.

### ◆ 버드나무 씨앗과 꽃가루의 차이

봄철에 민들레 씨앗 같은 솜뭉치가 눈처럼 날리는 것을 보고 꽃가루로 오인하는 경우가 많습니다. 하지만 이것은 꽃가루가 아닌 버드나무 씨앗 뭉치입니다. 버드나무는 씨앗을 솜털에 실어 날려 보냅니다. 이 씨앗은 피부에 가려움을 유발할 수는 있지만, 코나 눈에 들어가더라도 크기가 커서 점막을 자극하지 못하기에 알레르기를 일으키지는 않습니다.

# 27   나무가 많으면
## 부자 동네

"불평등 정도를 재려면 나무 수를 세 보라" 2021년 8월 미국 〈뉴욕타임스〉의 기사 제목입니다. 이 기사에 따르면 뉴욕시 센트럴파크 인근의 부유한 지역의 녹지율은 47퍼센트이고, 여름철 거리 바닥의 온도는 28도에 불과합니다. 그에 반해 할렘의 가난한 지역은 녹지율이 7퍼센트에 불과하고, 거리 바닥의 온도가 46도나 됐습니다. 우리나라도 나무와 공원이 많은 고급 아파트 지역과, 나무가 거의 없는 일반 주택가의 체감온도가 많이 차이 납니다. 도시의 녹지 불균형을 줄여야, 기후위기로 인한 피해를 줄일 수 있습니다.

## ◆ 사람을 건강하게 만드는 가로수

도시에서 공원과 같은 녹지를 늘리기 어렵다면, 도로변에 가로수를 더 심어야 합니다. 미국의 연구에 따르면, 오래된 가로수가 많은 곳에 사는 경우 심혈관질환 및 사망률이 줄어든다고 합니다. 특히 남성과 고령층에게 미치는 영향이 큽니다. 이외에도 도시의 가로수는 대기오염 물질을 흡수하거나 기온을 조절하고, 거리의 소음을 줄여 줍니다. 이처럼 가로수는 시민들의 건강을 위해 꼭 필요합니다.

# 28        거리의 낙엽은
## 어디로 갈까?

오래된 큰 나무에서는 가을 동안 대략 0.5톤의 낙엽이 발생합니다. 전국에 있는 약 1,000만 그루의 가로수에서 발생하는 낙엽만 매년 수백만 톤에 달합니다. 거리의 낙엽은 유기물 쓰레기로 분류되어 대개 소각장에서 태워지고, 일부는 쓰레기매립장에 묻힙니다. 나무가 대기 중에서 흡수한 이산화탄소는 광합성을 통하여 뿌리, 줄기, 가지, 잎에 저장됩니다. 거리의 낙엽은 탄소 덩어리로 소각하거나 매립하기보다는 퇴비로 재활용하는 것이 바람직합니다.

## ◆ 낙엽과 탄소 배출

낙엽을 소각하면 미세먼지와 대기오염 물질이 발생합니다. 또한 나무가 흡수한 탄소를 다시 배출하는 셈이니 탄소 저장량이 금세 손실됩니다. 낙엽을 인위적으로 매립할 경우 산소가 부족한 상태에서 분해되어 온실가스인 메탄가스가 발생합니다. 그러나 숲에서 낙엽은 토양의 유기탄소로 축적되고, 대기 중으로 탄소가 배출되는 것을 지연하므로 탄소중립에 이바지합니다.

# 29 나무가 커지면 위험해질까?

숲에서 나무는 위험해질 만큼 자기 몸을 키우지 않습니다. 도시에서도 나무는 생존에 유리한 정도로만 몸을 키웁니다. 도시의 나무는 뿌리가 뻗기 어려운 좁은 공간, 물과 공기가 부족한 딱딱한 토양, 만성적인 대기 오염과 병충해, 과도한 가지치기 등에 시달려서 크게 자랄 수 없습니다. 만약 나무가 크게 자라더라도 인명과 재산피해를 일으킨다며 '위험목'으로 지정해 나무를 베어내기도 합니다. 나무의 입장에서 도시는 살기 힘들고 위험한 환경이기에, 세심한 보호와 관리가 없으면 생존할 수 없습니다.

### ◆ 위험목 관리의 원칙

미국에서는 위험목 관리의 다섯 가지 원칙을 나무의 입장에서 균형 있게 제시합니다. 첫째, 나무는 인간사회에 다양한 혜택을 제공한다. 둘째, 나무는 살아있는 생명체이고, 자연적으로 가지가 부러지고 떨어진다. 셋째, 나무가 인간의 안전에 미치는 위험성은 극히 낮다. 넷째, 나무 소유자와 관리자는 나무를 관리할 법적 의무가 있다. 다섯째, 나무의 안전관리 시 균형되고 적절한 방법을 사용해야 한다. 이처럼 우리도 나무의 입장에서 생각해 볼 필요가 있습니다.

# 30 나무가 건강해지는 방법

나무가 잘 자라기 위해서는 적정한 토양과 뿌리의 성장을 위해 충분한 공간이 필요합니다. 하지만 도시에서는 나무를 위한 공간을 확보하기 어렵습니다. 주어진 공간을 최대한 활용하려면 보도에 띠 형태의 녹지대를 조성하는 것이 좋습니다. 그리고 나무가 수분 부족으로 스트레스를 받지 않도록 빗물 저장 및 공급 시스템을 확충해야 합니다. 또한 겨울철에 눈을 없애려고 염화칼슘을 많이 사용하는데, 잘못하면 토양의 염분이 높아져 나무가 말라 죽을 수도 있어서 주의해야 합니다.

## ◆ 보도블록이 울퉁불퉁해지는 이유

가로수 주변의 토양은 사람들이 밟고 다니면서 딱딱하게 굳어버려 물과 공기가 침투하기 어렵습니다. 가로수는 물을 찾기 위해 보도블록 아래로 잔뿌리를 뻗어나가는데, 시간이 흘러 잔뿌리가 성장하여 보도블록을 울퉁불퉁하게 만들어 버립니다. 이러한 보도블록은 주기적으로 교체되는데, 그럴 때마다 가로수는 뿌리가 잘리는 아픔도 겪어야 합니다.

## 칼럼 5. 인간의 탐욕으로 고통받는 도시의 숲

도시에서 살아가는 나무의 처지는 매우 비참합니다. 사람들은 나무와 숲을 좋아한다고 말하면서도 자기 집과 가게 앞에 나무가 크게 자라면 불편하다고 싫어하고, 동네의 나무들이 어려움을 당해도 자신과 관계없는 일이라고 외면해왔습니다.

이러한 무관심은 경제성장을 위해서라면 자연을 깡그리 없애고 개발해도 괜찮다는 탐욕과 이기심에서 비롯된 것입니다. 그러나 기후위기로 자연과 환경에 대한 사람들의 인식이 바뀌고 있습니다. 이제 도시의 나무를 지키기 위해 행동하는 시민들이 늘어나고 있습니다.

예를 들어 아파트 재개발 현장에서도 어떻게 하면 기존의 나무를 보존할 수 있을지, 사람들이 따뜻한 관심을 가지고 고민하고 있습니다.

우리 사회에서 가로수를 비롯한 공공 나무는 시설물로 처리되고, 사유지의 나무는 재물로 간주하고 있습니다. 동물들이 물건이 아닌 생명으로 법적 지위를 가져 보호받는 것처럼, 도시의 나무를 더불어 살아가는 생명으로 존중할 수 있도록 법과 제도가 마련되어야 합니다. 그래야 무자비한 가지치기와 같은 잘못된 관행을 바꿀 수 있습니다.

누구든지 도시의 나무를 보호하는 활동에 참여할 수 있습니다. 위험에 처한 나무가 있다면 사람들에게 알리고, 행동을 촉구해야 합니다. 국민신문고를 통해 나무를 해치지 말라고 민원을 넣거나, '가로수시민연대'의 페이스북이나 가까운 환경단체에 알려서 이 나무를 함께 지키자고 제보할 수도 있습니다.

도시라는 복잡한 공간에서 나무와 함께 살아가려면, 시민들의 따뜻한 손길이 필요합니다. 우리 주변의 나무를 보호하는 일이 지구를 구하는 첫걸음이 될 수 있습니다.

# 칼럼 6. 나무의 권리를 지키는 첫걸음

미국 뉴욕시에는 2,200명의 시민이 자원봉사자로 참여하여 약 68만 그루의 가로수를 디지털 지도로 만든 '트리맵'이 있습니다. 트리맵으로 가로수의 이름과 크기, 건강 상태를 파악할 수 있으며, 다양한 정보를 기록하거나 특정 가로수를 '내 나무'로 등록하여 다른 사람들과 공유할 수도 있습니다.

트리맵은 시민들이 가로수를 돌보면서 서로 소통하게 만듭니다. 또한 가로수가 빗물을 얼마나 머금고 있으며, 탄소 흡수량과 대기오염 감소 등의 경제적 혜택을 분석하여 제공합니다. 트리맵에 따르면 가로수의 가치는 매년 1억 2,000만 달러, 1그루당 평균 209달러로 평가되었습니다.

경영학의 대가 피터 드러커는 "측정하지 않으면 관리할 수 없으며, 관리할 수 없으면 개선할 수도 없다"라고 했습니다. 트리맵의 사례처럼 시민들이 직접 나서면 가로수의 소중함과 문제점을 자연스럽게 인식할 수 있고,

가로수에 관한 기록이 쌓이면 효율적으로 가로수를 관리할 수 있습니다.

국내에서도 2021년부터 환경단체에서 자원봉사자를 모집하여 '가로수 시민조사단'이 활동을 시작했습니다. 가로수 시민조사단은 서울 도심에서 1,000그루가 넘는 가로수를 조사하여 트리맵을 만들기도 했습니다.

가로수 시민조사단에 참가한 시민들은 도시의 나무들이 이제 다른 존재로 느껴지고, 관심을 가지고 지켜보게 되었다고 합니다. 또한 탄소중립을 위해 구체적으로 할 수 있는 일을 찾았다고 좋아했습니다.

가로수 시민조사단 활동은 '전국가로수연대 트리맵'이나 '우리동네 가로수지도'를 인터넷으로 검색하여 혼자서도 참여할 수 있습니다. 나무의 편에 서겠다는 시민들의 작은 목소리가 함께 모여야, 나무의 권리를 지키고 숲과 함께하는 도시를 만들어 갈 수 있습니다.

# CHAPTER 4

# 자연의 숲

# 31 숲은 어떻게
# 만들어질까?

숲은 지구의 기후를 조절하고, 다양한 생물이 숨 쉴 수 있는 산소를 만듭니다. 숲을 구성하는 나무가 자라기 위해서는 토양과 수분, 햇빛과 양분이 있어야 합니다. 맨땅에서 풀이 자라기 시작하면, 몇 년 후에 키가 작은 나무가 들어옵니다. 그리고 나무가 뿌리 내릴 토양층이 형성되면 햇빛을 좋아하는 소나무 숲으로 바뀌고, 점차 유기물이 증가하면서 잎이 큰 참나무와 같은 활엽수가 우거진 숲으로 변하게 됩니다. 이처럼 숲이 서서히 변화하는 과정을 '천이(遷移)'라고 합니다.

### ◆ 사람이 만드는 숲

숲은 사람에 의해 만들어지기도 합니다. 목재 생산이나 뛰어난 경관을 목적으로 특정한 나무를 심거나, 소나무 숲을 유지하기 위해 참나무를 베어내고 땅의 유기물을 걷어내기도 합니다. 또한 무분별한 개발로 훼손된 자연을 복원하려고 숲의 천이를 촉진하기도 합니다. 그러나 기후와 토양 조건을 고려하지 않으면, 나무가 잘 살지 못해서 많은 비용이 들어갑니다.

# 32 나무는 몇 살까지 살 수 있을까?

나무의 수명은 종류와 환경에 따라 다릅니다. 경기도 양평군에 있는 용문사의 은행나무는 1,100살 가까이 살고 있지만, 도시의 은행나무는 50살을 넘기기 힘듭니다. 과수원의 과일나무는 30살 정도이고, 보통 나무보다 빨리 자라는 속성수는 50~70살이 한계입니다. 숲속의 큰 나무들은 대개 200~300살까지 살아갈 수 있습니다. 참나무와 너도밤나무, 주목과 전나무는 1,000살, 삼나무와 자이언트 세쿼이아는 3,000살 이상 살 수 있습니다. 나무는 물과 햇빛, 양분이 충분하고, 사람의 방해만 없으면 훨씬 오래 살 수 있습니다.

## ◆ 나무의 나이테

계절이 뚜렷한 온대 기후에 사는 나무는 봄과 여름에 주로 성장하여 줄기 안에 나이테가 생깁니다. 나이테는 나무의 성장 이력서입니다. 나이테 고리의 개수로 나이를 셀 수 있고, 나무가 성장한 이력을 확인하고 상태를 판단할 수 있습니다. 성장이 느리면 나이테의 폭이 좁고, 성장이 빠르면 나이테의 폭이 넓습니다. 나이테의 폭이 좁은 경우에는 가뭄이나 산불, 혹은 병해충이나 다른 나무와 경쟁으로 어려움을 겪었다고 볼 수 있습니다.

# 33 나무가
## 연애하는 법

나무는 대개 새와 곤충의 도움을 받아 꽃가루를 옮겨서 열매를 맺습니다. 화려한 꽃을 피우고 매혹적인 향기와 달콤한 맛을 내뿜는 이유도 꽃가루를 옮기거나, 열매를 먹어줄 야생동물의 눈에 잘 띄기 위해서입니다. 이처럼 나무는 움직일 수 없기에 번식을 위해서 곤충이나 야생동물을 유혹해야 합니다. 그러나 버드나무와 은행나무의 경우에는 암나무와 수나무가 따로 있고, 야생동물이 아니라 바람에 의해 수분이 이루어집니다. 꽃이 화려하지 않은 소나무와 느티나무도 바람의 도움을 받습니다.

### ◆ 사랑나무인 연리지와 연리목

두 나무가 맞닿은 채로 자라다가 서로 합쳐져 한 나무가 되는 경우가 있습니다. 나뭇가지가 서로 이어지면 연리지(連理枝), 줄기가 이어지면 연리목(連理木)이라고 합니다. 옛날부터 남녀 간의 애틋한 사랑과 부부의 좋은 금실을 뜻하여 '부부나무'나 '사랑나무'라 불렸습니다. 나무는 저마다 적정한 공간이 있어야 자랄 수 있는데, 연리지와 연리목은 경쟁이 아닌 공존을 선택한 결과입니다.

# 34 나무와 풀의 차이

나무는 겨울 동안 지상에서 추운 날씨를 이겨낼 수 있습니다. 그리고 해를 거듭할수록 줄기가 굵어지고, 줄기 안에 나이테가 생깁니다. 그러나 풀은 추운 겨울을 넘기지 못하고 줄기가 죽고 맙니다. 나팔꽃이나 해바라기처럼 줄기와 뿌리가 함께 죽어 씨앗으로 겨울을 나면 '한해살이풀', 민들레와 갈대처럼 줄기는 죽어도 땅속의 뿌리가 살아남아 이듬해 봄에 다시 줄기를 내면 '여러해살이풀'이라고 합니다.

## ◆ 나무이면서 풀이기도 한 대나무

대나무는 줄기가 단단하고 크게 자라서 나무처럼 보입니다. 하지만 대나무의 줄기는 속이 비어서 나이테가 없고, 줄기가 더 굵어지지도 않습니다. 대나무는 추운 겨울에도 줄기가 죽지 않고 자란다는 점에서 나무이지만, 나이테를 만들지 못하는 점에서 풀에 가깝습니다. 대나무는 반은 나무이고, 반은 풀이라 할 수 있습니다.

# 35 나무도 숨을 쉴까?

모든 생명은 에너지를 얻기 위해 산소를 흡수하고 이산화탄소를 내보내는 호흡운동을 합니다. 식물도 마찬가지입니다. 식물은 호흡뿐만 아니라 광합성을 통해 필요한 에너지를 얻습니다. 광합성이란 빛 에너지를 이용해 미세한 구멍인 '기공'으로 흡수한 이산화탄소와 뿌리로 빨아들인 물로부터 포도당과 산소를 생산하는 과정을 뜻합니다. 식물은 빛이 강한 낮에는 호흡보다 광합성을 많이 하고, 밤에는 호흡만 하기에 산소를 흡수하고 이산화탄소를 내보냅니다.

◆ 이산화탄소를 배출하는 나무

폭염과 가뭄이 지속되면 나무는 수분을 아끼려고 잎의 기공을 닫아 버립니다. 기공이 닫히면 이산화탄소를 흡수하지 못해 광합성보다 호흡이 많아지고 이산화탄소만 내보내게 됩니다. 이처럼 기후위기로 기온이 올라가면 식물의 광합성 효율이 떨어져서, 산소를 생산하는 것보다 이산화탄소를 더 많이 내보내는 악순환에 빠질 수도 있습니다.

# 36      곰팡이로 소통하는
## 나무들

숲의 땅속에는 식물들의 뿌리가 곰팡이인 균근과 복잡하게 얽혀 있습니다. 식물과 균근은 서로 공생하는 관계입니다. 식물은 뿌리를 통해 균근에게 포도당과 탄소를 주고, 균근은 토양에서 식물의 성장에 필요한 필수적인 영양분을 전해 줍니다. 또한 균근을 통해 나무들끼리 서로 소통하기도 합니다. 보통 한 그루의 큰 나무와 수백 그루의 작은 나무들이 균근으로 연결되어 있는데, 이를 '균근망'이라고 합니다. 이처럼 균근망은 숲속의 네트워크를 담당합니다.

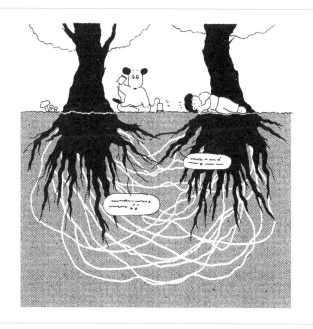

### ◆ 균근망으로 서로 돕는 나무들

균근망은 컴퓨터와 컴퓨터가 연결된 사이버 공간인 '월드 와이드 웹(WWW)'에 비유하여 '우드 와이드 웹'으로 불리기도 합니다. 나무들은 균근망을 통해 부족한 영양분을 함께 나누거나, 질병과 해충으로부터 몸을 보호할 수 있도록 위험 신호도 교환합니다. 숲에서 나무들은 생존을 위한 경쟁만 하는 게 아니라, 서로 협력하며 살아갑니다.

# 37 큰 나무의 소중함

우리나라에는 나무 둘레가 300센티미터가 넘는 나무가 총 308그루가 남아 있습니다. 큰 나무는 신갈나무, 주목, 피나무, 소나무 순으로 많으며, 대개 국립공원과 같은 보호구역에만 남아 있습니다. 큰 나무는 수많은 야생동물에게 서식지와 먹이를 제공합니다. 숲이 생물 다양성에 중요한 역할을 할 수 있는 것은, 각각의 나무들이 수많은 생명을 책임지고 있기 때문입니다. 큰 나무는 살아 있는 숲의 역사이자 생태계의 소중한 자산으로 잘 보호해야 합니다.

### ◆ 큰 나무는 중요한 탄소저장고

산림청에 따르면 큰 나무의 최근 30년간 탄소 흡수량이 보통 크기의 나무에 비해 13배나 높다고 합니다. 동물은 다 자라고 나면 크기의 변화가 거의 없지만, 나무는 나이가 들수록 더 빠른 속도로 크기가 증가합니다. 나무가 성장할수록 넓은 줄기와 많은 잎으로 탄소 흡수량이 지속적으로 늘어납니다. 우리가 큰 나무를 존중해야 하는 이유이기도 합니다.

# 38 숲에 호랑이가 돌아온다면

과거 한반도에는 호랑이가 많이 살았습니다. 서울의 사대문 안에서 호랑이가 자주 목격되었고, 사람을 물어가는 '호환' 사고도 더러 있었습니다. 우리 민족에게 호랑이는 공포의 대상이면서 신화에 등장하는 경이로운 존재입니다. 호랑이와 같은 최상위 포식자가 한반도의 숲에 다시 돌아오면 어떻게 될까요? 늘어나는 멧돼지와 고라니로 인한 농가의 피해를 줄일 수 있고, 생태계를 복원하여 생물다양성을 강화할 수 있습니다.

## ◆ 한반도에서 멸종된 대형 육식동물

한반도에서 호랑이와 표범과 같은 대형 육식동물이 사라진 건 일제 강점기부터입니다. 일제가 해로운 맹수를 제거한다는 명목으로 군대를 동원하고, 사냥꾼들에게 대대적인 지원을 하면서 한반도의 호랑이와 표범, 늑대를 닥치는 대로 죽였습니다. 이후 벌목과 6.25 전쟁으로 숲이 황폐해지면서 한반도에서 대형 육식동물이 멸종되었습니다.

# 39 스트레스를 풀어주는 숲

나무에서 발산하는 휘발성 방향물질인 피톤치드 덕분에 숲은 인간의 면역 기능을 활발하게 만들어 줍니다. 피톤치드는 자외선을 막고, 곤충과 박테리아의 성장을 억제합니다. 이러한 피톤치드는 활엽수보다 편백, 소나무, 잣나무, 전나무와 같은 침엽수가 더 많이 발산합니다. 또한 숲에서는 긴장과 스트레스를 풀어주는 음이온도 많이 방출되는데, 음이온은 계곡의 물가나 폭포처럼 물 분자가 격렬하게 운동하는 곳에 많습니다. 숲은 야생동물뿐만 아니라 인간의 건강도 책임지고 있습니다.

### ◆ 숲에 가기 좋은 시간

숲을 산책하기 좋은 시간대는 피톤치드가 많고, 사람들이 가장 쾌적하게 느끼는 오전 10시경이나 오후 2시경입니다. 피톤치드의 경우 나무의 성장이 활발한 봄과 여름에 가장 많이 발산됩니다. 숲은 언제나 우리 몸의 감각을 깨우고 평온하게 만들어 줍니다. 숲을 산책하면 지친 몸과 마음을 회복할 수 있습니다.

# 40 물을 순환시키는 숲

숲에 떨어진 빗물은 나무를 통해 순환됩니다. 나무의 줄기와 가지에서 빗물을 가로채고, 뿌리로 빗물을 흡수하여 저장하고, 나뭇잎으로 빗물을 증발시킵니다. 이처럼 숲은 지표에서 대기로 물을 옮기는 역할을 합니다. 숲이 줄어들면 대기 중에 있는 수분이 감소하고, 구름의 생성과 강우량에도 영향을 미칩니다. 그리고 숲의 토양과 뿌리에서 빗물의 오염 물질을 걸러내기 때문에 숲이 사라지면 깨끗한 물을 얻을 수 없습니다.

## ◆ 구름을 밝게 만드는 숲

구름은 햇빛을 우주 공간으로 반사해서 지구의 온도를 낮춰줍니다. 숲에서 뿜어져 나오는 휘발성 유기화합물은 구름의 물방울 농도를 증가시켜서 구름을 더 밝게 만듭니다. 구름이 밝을수록 햇빛을 더 많이 우주 공간으로 반사할 수 있습니다. 만약 숲이 사라지면 구름이 햇빛을 제대로 반사하지 못하고, 지구는 더욱 뜨거워질 것입니다.

## 칼럼 7. 숲의 다양한 가치를 존중해야 할 때

2021년, 산림청에서 탄소 흡수량을 늘리기 위해 30년 이상 된 오래된 숲을 베어내고, 어린나무 30억 그루를 심겠다는 정책을 발표하여 논란이 되었습니다. 이 정책은 전문가와 환경단체가 논의를 거친 끝에 숲을 보전하고, 복원을 강화하는 방향으로 수정되었습니다.

이러한 정책이 나오게 된 배경에는 오래된 숲에 있는 다양한 나무를 포함해서, 낙엽이나 토양이 흡수하는 탄소의 저장량까지 고려하지 않았기 때문입니다. 모든 요소를 합치면 오래된 숲의 탄소 흡수량과 저장량이 어린 숲보다 월등하게 높다는 연구 결과가 많습니다.

오히려 나무를 베고, 운반하고, 새로 심는 과정에서 토양의 탄소가 과다하게 배출될 수 있습니다. 30년 이상된 오래된 숲을 어린나무로 바꾸는 게 아니라, 임업 선진국처럼 100년이 넘는 숲으로 키우면 어떨까요?

오래된 숲을 보호하기 위해서는 무분별한 벌목도 막아야 합니다. 국립산림과학원의 발표에 따르면 국내 숲의 공익적 가치는 259조 원에 달합니다. 1헥타르의 숲은 대략 4,100만 원의 가치를 가지고 있습니다. 하지만 1헥타르의 나무를 벌목하면 산주들이 얻을 수 있는 수입은 100만 원 정도이며, 나무 한 그루당 2,000원에 불과합니다.

이처럼 나무를 헐값에 파는 벌목 산업이 활성화되는 것을 막으려면, 숲의 보전에 따른 경제적 혜택이 산주들에게도 돌아가야 합니다. 산림청이 제정한 '산림 헌장'에도 숲의 다양한 가치를 높이기 위해 숲을 울창하게 보전하고, 지속가능하게 관리해야 한다고 명시되어 있습니다.

숲에서 나무가 사라질수록 탄소 저장량이 떨어지고, 산불과 산사태와 같은 피해가 증가하고, 기후위기로 인한 취약성이 높아집니다. 우리가 숲을 결코 외면해서는 안 되는 이유입니다.

## 칼럼 8. 숲을 만들어서 탄소만 줄이면 되는 걸까?

기후위기에 대처하기 위해 전 세계적으로 생태계의 탄소 흡수량을 늘려 탄소 배출량을 상쇄하는 자연기반해법이 주목받고 있습니다. 자연기반해법은 인류가 처한 환경문제를 해결하기 위해 기술공학적인 방법에 의존하는 게 아니라, 생태계를 보호하고 복원하며 지속가능한 관리를 통해 해결하는 방법입니다.

자연기반해법은 온실가스의 감축과 탄소중립을 달성하기 위한 중요한 수단으로, 과학자들은 자연기반해법을 통해 매년 10기가톤의 온실가스와 탄소를 감축할 수 있다고 전망하고 있습니다. 이를 위해서는 전 지구적으로 인도의 면적만큼 숲의 벌채를 중단해야 하고, 브라질의 국토 면적만큼 생태계를 복원해야 합니다.

하지만 자연기반해법에 관한 비판도 있습니다. 탄소중립 사회를 달성하기 위해서는 화석연료의 사용을 대폭 줄이는 게 우선인데, 숲을 마치 '탄소 통조림'으로 여겨 온실가스 감축을 회피하고 생물다양성의 가치를 훼손한다는 것입니다.

예를 들어 숲이 파괴되지 않도록 보호하거나 훼손된 숲을 복원하는 게 아니라, 기존의 숲을 벌목하고 탄소를 흡수하는 효율이 높은 나무만 심어버리는 것입니다. 자연적인 숲을 한 종류의 나무만 있는 인공 숲으로 바꾸는 것은 생태계에 해를 끼치며, 또 다른 심각한 결과를 초래할 수 있습니다. 따라서 자연기반해법을 적용한 정책과 사업이 어긋나지 않도록 시민의 감시가 필요합니다.

자연기반해법은 인류뿐만 아니라 자연을 살아가는 모든 생명의 이익을 위한 올바른 방식입니다. 숲을 잘 보호하고 자연성이 회복된다면, 재해의 위험을 충분히 줄일 수 있습니다. 기후위기 시대, 인류는 자연을 되살리면서 자연에 기대어 살아가야 합니다.

# CHAPTER 5

# 기후위기와
# 숲

# 41        아낌없이 주는 나무는 없다

미국의 동화작가 셸 실버스타인이 1964년에 발표한 『아낌없이 주는 나무』는 전 세계에 나무의 소중함을 알려준 작품입니다. 동화 속 나무는 소년에게 조건 없이 자신의 모든 것을 내어주고 행복해합니다. 그런데 나무는 정말 행복했을까요? 나무가 사람으로 치면 팔다리를 다 떼주고 남은 몸마저 바치면서 행복을 느낀다는 건, 너무 인간 중심적인 생각입니다. 이를 통해 나무를 숭고한 대상으로 만들 수 있겠으나, 모든 걸 내주면서도 나무가 행복하다고 받아들이면 나무에 대한 착취를 정당화시키게 됩니다. 나무에 대한 사람의 생태적 윤리가 필요합니다.

### ◆ 나무도 살아 있는 존재

만약 나무가 말할 수 있다면, 도시는 나무의 절규와 비명으로 가득할 것입니다. 사람들은 더 나은 환경을 위해 도시에 나무를 심었지만, 나무의 삶을 존중하지 않았습니다. 나무는 도시의 시설물이 아니라 우리처럼 살아 있는 존재입니다. 나무에 일방적인 희생만 강요해선 안 됩니다. 나무도 최소한의 권리가 보장되어야 합니다.

# 42 숲은 살아서도
## 죽어서도 탄소저장고

숲은 고생대부터 막대한 양의 탄소를 흡수하면서 번성했습니다. 숲속의 큰 나무는 흡수한 탄소를 오랫동안 저장하는 살아 있는 탄소저장고로서 생태계의 순환을 이끌고 있습니다. 만약 나무가 죽더라도 줄기와 잎, 뿌리는 분해되어 땅속에 묻혀 토양의 유기탄소가 됩니다. 또한 지각변동으로 지하에 묻혀서 높은 압력과 열을 받아 석탄이 되기도 합니다. 이처럼 나무는 살아서도 죽어서도 탄소저장고의 역할을 하고 있습니다.

# ◆ 숲에서 시작된 문명의 발전과 위기

문명의 발전은 숲의 희생으로 이루어졌습니다. 인류는 숲을 개간하여 경작지와 목장을 넓히면서 마을과 도시를 건설했고, 나무로 만든 무기와 장비로 전쟁을 했습니다. 인류는 화석연료인 석탄을 채굴하여 내연기관을 움직이고, 전기를 생산하고, 공장을 가동하여 산업혁명과 현대문명을 이룩했습니다. 그러나 인류가 발전할수록 탄소저장고인 숲이 점점 파괴되었고, 그 결과 기후위기가 도래했습니다.

# 43 숲의
## 경제적 가치

우리나라 숲의 값어치는 얼마나 될까요? 2020년 국립 산림과학원의 발표에 따르면 숲의 공익적 가치는 무려 259조 원으로, 당시 국내총생산(GDP) 1,941조 원의 13.3퍼센트에 해당합니다. 그중에서 온실가스의 흡수·저장 기능이 97.6조 원으로 가장 높았고, 다음으로 산림경관 기능이 31.8조 원이었고, 이외에도 산림 휴양, 토사유출 방지, 산림 정수, 수원 함양, 산소 생산, 생물 다양성 보전, 토사붕괴 방지, 산림 치유, 대기질 개선, 열섬 완화 등이 있습니다.

### ◆ 산과 숲의 주인

숲은 누구의 것일까요? 우리나라는 국가가 소유한 국유림이나 지자체와 공공단체의 공유림보다, 개인이 소유한 사유림의 비중이 66퍼센트로 더 높습니다. 숲은 자연환경이므로 누군가의 사유 재산으로 치부해서는 안 됩니다. 숲의 혜택은 모든 국민이 누려야 하고, 야생동물의 서식지로서도 배려해야 합니다. 숲을 보전하기 위한 보상금 및 보조금 지원을 도입하여 공익적 가치를 더 확대해야 합니다.

# 44       변기에 버려지는
## 나무들

숲의 나무들은 주택이나 가구에 사용되는 목재와 합판 뿐만 아니라, 종이와 휴지를 만드는 '펄프'의 원료로도 사용됩니다. 두루마리 휴지 1롤에 펄프 220그램이 필요하고, 펄프 1톤을 생산하려면 30년 이상 된 나무 20그루를 벌목해야 합니다. 우리나라 4인 가구는 70미터짜리 두루마리 휴지를 1년 동안 약 92롤을 사용하는데, 30년 이상 된 나무의 절반을 변기에 버리는 것이나 마찬가지입니다. 우리나라에서만 휴지를 만들기 위해서 연간 500만 그루 이상의 나무가 희생되고 있습니다.

◆ 숲을 지키는 가장 쉬운 방법

펄프를 생산하는 다국적 기업은 개발도상국에서 나무를 벌목합니다. 이들은 나무를 싹쓸이하면서 야생동물의 서식지뿐만 아니라, 원주민의 생활 터전마저 파괴하고 있습니다. 숲을 위해서라도 손수건을 휴대하고, 흘린 것은 걸레와 행주로 닦고, 공짜로 나눠주는 휴지를 거절하는 게 좋습니다. 휴지의 사용량을 줄이는 게 숲을 지키는 가장 쉬운 방법입니다.

# 45 물을 머금은 숲

가뭄과 산불로 숲이 훼손되면, 물을 순환시키지 못하면서 숲에 물이 부족해집니다. 물이 부족한 숲은 기후 위기에 더욱 취약할 수밖에 없습니다. 숲에 다양한 종류의 나무가 많을수록, 각각 뿌리를 내린 깊이가 달라서 가뭄에 더 잘 견디고, 산불이 발생하더라도 빠르게 회복될 수 있습니다. 예를 들어 낙엽활엽수가 많은 숲의 토양은, 나무가 없는 토양보다 물을 14배나 더 많이 저장합니다. 그리고 낙엽활엽수는 침엽수보다 몸에 수분이 많아서 쉽게 불타지도 않습니다. 숲에 물이 있는 덕분에 미생물과 곤충을 포함한 수많은 야생동물이 살아갈 수 있습니다.

### ◆ 물모이

물모이는 산에서 쓰러진 나무와 주변의 돌을 이용해 빗물이 모이도록 만든 저장 시설입니다. 우리나라는 여름에 집중적으로 비가 오고, 봄과 겨울에는 가뭄이 심합니다. 그래서 가뭄과 산불을 대비하기 위해 여름에 내린 빗물을 잘 저장해야 합니다. 물모이를 여러 곳에 만들면 빗물이 잠깐이라도 땅에 고여서 숲이 습기를 유지하므로, 가뭄과 산불 예방에도 도움이 됩니다.

# 46    나무의 권리를 위한 약속

나무는 하나의 생명으로서 존엄한 가치를 가지며, 시민은 지구공동체의 일원으로서 나무와 함께 살아가야 합니다. 나무는 쾌적하게 성장할 수 있는 공간을 보장받아야 하며, 시민은 나무의 고유한 특성과 개성을 마땅히 존중해야 합니다. 나무는 자신을 위협하는 훼손이나 착취로부터 안전해야 하며, 시민은 나무를 함부로 대하는 관행과 탐욕에 맞서 싸워야 합니다. 나무는 법과 제도를 통해 복지와 권리가 보장되어야 하며, 시민은 나무에 대한 인식 변화와 제도 개선을 위해 행동해야 합니다.

### ◆ 나무권리선언

2023년, 식목일을 앞두고 서울시에 있는 세종문화회관 앞에서 환경단체와 시민들에 의해 '나무의 권리'가 선언되었습니다. 나무는 마음껏 뿌리 내리고, 햇볕을 쬐면서 함부로 뽑히지 않고 살아갈 권리가 있다는 것입니다. 회색 콘크리트와 검은색 아스팔트 도로로 뒤덮인 도시에서 초록색 나무가 없다면 어떻게 될까요? 나무가 사라진 도시에서 인간은 도저히 살아갈 수 없습니다.

# 47 온난화
## 식목일

나무를 심기에 적합한 기온은 6.5도입니다. 그러나 기후위기로 3월의 기온이 높아지면서 나무를 심기에 좋은 시기가 앞당겨지고 있습니다. 환경단체인 '서울환경연합'은 기후위기로 인한 지구온난화의 위험성을 알리기 위해 2010년부터 3월의 마지막 토요일을 '온난화 식목일'로 정해 시민들과 함께 나무를 심고 있습니다. 현재 정부에서도 봄철 기온 상승을 고려해 식목일을 3월로 앞당겨 공휴일로 지정하는 것을 검토하고 있습니다.

#### ◆ 식목일의 유래

식목일은 나무를 아끼고 사랑하고, 산림자원을 확보하기 위해 제정되었습니다. 산림청에 따르면 식목일은 신라 문무왕이 삼국통일을 이룩한 677년 2월 25일(양력 4월 5일)을 기념해 나무를 심었던 것에 유래했습니다. 1946년 4월 5일에 첫 식목일 행사가 있었고, 식목일 전후로 많은 국민이 동원되어 나무를 심었습니다. 지금도 식목일이 돌아오면 기업과 시민단체에서 나무를 많이 심고 있는데, 이제는 나무를 돌보는 날로 인식을 바꿔야 할 때입니다.

# 48 사라지는
# 꿀벌들

전 세계 주요 농작물의 70퍼센트 이상은 꿀벌의 수분을 통해 생산됩니다. 꿀벌이 없으면 인류는 식량 부족을 겪게 될 것입니다. 그런데 현재 꿀벌이 점점 사라지고 있습니다. 기후위기와 도시화로 서식지가 감소하는 탓입니다. 꿀벌이 사라지면 생태계의 먹이사슬에도 영향을 미쳐서 생물다양성이 붕괴할 수도 있습니다. 도시 곳곳에 꿀벌이 좋아하는 식물을 심고, 꽃이 가득한 정원을 가꾸어야 합니다. 꿀벌이 오면, 나비와 호박벌을 포함하여 온갖 새들도 돌아옵니다.

## ◆ 네오니코티노이드 살충제

꿀벌이 실종되는 원인 중 하나로 네오니코티노이드 살충제를 꼽습니다. 이에 유럽과 미국에서는 꿀벌에 치명적인 네오니코티노이드 살충제 사용을 금지하고 있습니다. 이 살충제에 과다하게 노출되면 꿀벌뿐만 아니라, 사람도 위험할 수 있습니다. 2022년 서울시는 네오니코티노이드 살충제를 사용하는 것을 중단하고, 화학적 방제를 줄이고 무농약 공원을 점차 늘려가겠다고 발표했습니다.

# 49 새가 찾아오는 도시

도시에서 새들이 쉴 만한 장소가 점점 사라지고 있습니다. 도시에는 건물과 도로가 즐비하고, 위험한 송전선으로 가득합니다. 새들이 도시에 찾아오게 하려면 산과 공원, 하천이 서로 연결되어야 합니다. 아파트와 상가, 학교와 도로에도 녹지가 풍성하면 좋습니다. 새들에게 먹이를 제공하는 나무를 심고, 편히 쉴 수 있도록 큰 나무들을 보전해야 합니다. 새들이 도시에 찾아오면 생물다양성이 증가하고, 모든 생명이 함께 살아갈 수 있는 도시로 바뀔 수 있습니다.

## ◆ 새들의 가장 큰 위협

매년 미국에서 10억 마리, 한국에서 800만 마리의 새가 유리창에 충돌하여 죽음을 맞이합니다. 이러한 충돌 사고를 막으려면 새들이 자주 찾아오는 곳과 위협이 되는 부분을 자세히 확인할 필요가 있습니다. 그리고 유리창과 방음벽에 스티커를 부착해서 충돌을 막고, 이동하는 새들이 길을 잃지 않도록 밤에 눈부신 조명을 쏘아 올리는 걸 조심해야 합니다.

# 50 자연과 사람이
## 공생하는 도시

자연과 사람이 공생하는 도시는 어떤 모습일까요? 점점 자연에 대한 사랑을 기반으로 도시 자체를 숲으로 만들어야 한다는 인식이 늘어나고 있습니다. 생물학자 에드워드 윌슨의 '바이오필리아' 이론에 따르면 인간은 자연과 접하고 있을 때 신체적으로 건강하고, 정서적으로 행복을 느낀다고 합니다. 인간이 자연 없이 행복할 수 없다면, 자연을 단순히 도시의 인프라로 여기는 것을 넘어서 적극적으로 자연을 가꾸고, 보호하고, 연결해야 하지 않을까요? 자연이 건강하고 행복해야 우리 인간도 행복할 수 있습니다.

## ◆ 바이오필리아(Biophilia)

바이오필리아의 바이오(Bio)는 자연과 생명체를 뜻하고, 필리아(Philia)는 사랑을 뜻합니다. 바이오필리아는 인간은 본능적으로 자연을 사랑한다는 개념입니다. 자연을 사랑하기 위해 도시를 벗어날 필요는 없습니다. 일상과 가까운 도로, 학교, 공원 등에서도 얼마든지 자연과 만날 수 있습니다. 자연은 항상 우리 곁에 있으니 관심을 가지고 살펴보길 바랍니다.

# 칼럼 9. 탄소중립 도시를 만들기 위해서

온실가스 배출량을 0으로 만드는 탄소중립을 위해 도시에 수많은 나무를 심겠다는 공약이나 사업을 많이 볼 수 있습니다. 도시에 나무를 많이 심으면 탄소중립에 도움이 될까요?

나무는 광합성을 통해 흡수한 탄소를 줄기와 가지, 잎과 뿌리, 토양에 저장하는데, 나무의 몸집이 커질수록 저장된 탄소가 많아집니다. 도시는 공간이 부족해서 많은 나무를 심으려면 철쭉이나 회양목 같은 성인 무릎 정도 크기의 관목에 집중될 수밖에 없습니다. 그러나 탄소중립 도시를 만들기 위해서는 나무를 심은 숫자가 중요한 게 아니라, 얼마나 건강하고 풍요로운 나무로 성장하고 있는지가 핵심입니다.

유럽과 미국, 호주와 같은 선진국에서는, 숲이 도시의 지붕 역할을 하도록 도로와 건물에 나무를 많이 심어서 그늘을 늘리는 것에 초점을 맞추고 있습니다. 그리고 도시의 나무가 크게 자라서 가지와 잎을 넓게 펼칠 수 있도록, 도로의 차선을 줄여서 충분한 공간을 확보하기 위해 노력하고 있습니다. 하지만 안타깝게도 우리나라는 도로와 건물에 맞추어 나무의 크기를 줄이고 있는 상황입니다.

탄소중립 도시를 위해서는 보행로와 자전거길을 넓혀서 가로수와 숲을 확대하는 혁신이 필요합니다. 그래야 '숲의 도시'가 가능합니다. 도시의 숲은 탄소를 흡수하고 저장하는 것보다, 주변 온도를 떨어트려 건물의 온실가스 배출량을 줄이고 에너지를 절약하는 효과가 더 큽니다.

건강한 나무와 풍요로운 숲을 통해서만 탄소중립 도시를 열어갈 수 있습니다.

## 칼럼 10. 기후위기 시대, 자연과 친구가 됩시다

기후위기로 지구가 몸살을 앓고 있습니다. 빙하가 녹아 북극곰이 갈 곳을 잃어 굶주리고, 건조한 기후로 호주에서는 대형 산불이 발생하여 야생동물 30억 마리가 죽거나 다쳤습니다. 그리고 식물의 생태에도 많은 영향을 미치고 있습니다.

2021년, 서울의 벚꽃은 기상청에서 관측을 시작한 이래 가장 일찍 폈습니다. 남산에서는 산개구리가 예전보다 한 달 빠른 1월에 산란하기 시작했고, 산에서 흔하게 보는 박새의 번식도 빨라졌습니다. 빨리 피는 봄꽃과 야생동물의 번식을 일찍 접하는 게 어떤 사람들에게는 흥밋거리일 수도 있겠지만, 생물에게는 가혹한 시련입니다.

기후위기로 인한 생태적 엇박자로 식물은 곤충을 만나지 못해 수분이 늦어지고, 새는 새끼에게 먹일 애벌레를 충분히 구할 수 없어서 어려움을 겪고 있습니다. 동물과 식물의 상호관계와 먹이사슬이 교란되면 개체군이 감소하고, 이러한 변화에 적응하지 못하는 생물종은 결국 멸종에 이를 수도 있습니다.

기후위기를 극복하려면 많은 시민이 녹지를 보전하고 생명을 지키는 활동에 동참해야 합니다. 저 멀리 있는 북극곰의 눈물에 머무르는 게 아니라, 집 앞에서 무자비하게 잘려 나가는 나무들, 숲이 사라져 갈 곳을 잃어 헤매고 있는 주변의 새들과 개구리에게 마음을 내어 주고 친구가 될 수 있어야 합니다.

자연과 공생하기 위해서는 그들을 아끼고 보살필 수 있는 생태감수성이 필요합니다. 생태감수성은 동네의 나무와 공원을 좋아하고, 야생동물에 관심을 가지는 것에서 시작됩니다. 그러한 마음이 하나둘 쌓이면서 우리를 둘러싼 자연을 사랑하고 감사하는 사람이 늘어나야만 기후위기를 이겨낼 수 있습니다.

# 나오며

'숲이라는 세계'를 잘 들여다봤나요? 여러 종류의 숲과 나무에 얻는 고마움, 자연의 소중함과 생명을 아끼고 보살피고자 하는 노력이 여러분의 마음에 잘 남았기를 바랍니다.

저는 대자연의 어머니와 같은 숲이 좋아서 대학에서 연구자의 길을 걸었습니다. 연구에 몰두하다 보니 숲이 학문적 대상이 되었는데, 아이들 덕분에 숲에 대한 마음과 시선이 되살아났습니다. 세 아이를 키우면서부터 아이들의 눈높이에서 숲을 바라보게 되었고, 아이들이 더 나은 생태환경에서 살아가야 하기에 숲과 나무를 지키는 환경운동을 시작했습니다. 이 책은 저의 자화상이자 선생님이기도 합니다.

짧은 주제들로 구성된 책이지만, 전문용어와 무거운 주장을 어떻게 하면 쉽게 전달할 수 있을지 고민이 많았습니다. 그리고 글을 쓰면서 '숲의 존엄성' '위기에 처한 지구' '자연과의 연대'를 다시 한번 피부로 느낄 수 있었습니다. 다행히 제가 글로 표현하지 못한 부분을 도아마 작가님이 따스한 그림으로 풀어주고, 김상기 대표님의 편집 덕분에 멋진 책으로 완성될 수 있었습니다.

　여러분이 이 책을 읽고 숲으로 한 걸음 더 다가가 숲과 더불어 살아가는 관점을 가지고, 숲에서 나무를 껴안고 쓰레기를 줍는 작은 일부터 실천해 보면 좋겠습니다. 숲이 더 이상 인류의 생존에 필요한 도구적 대상으로 매몰되어서는 안 되며, 숲과 인간을 구분하여 관찰자에 머물러서도 안 됩니다.

　우리는 지금까지 '숲이 이룬 세계'에 절대적으로 의존하며 살아왔습니다. 숲과 인간의 관계가 두텁고 돈독해져야만, 생물다양성이 붕괴하는 것을 막고, 기후위기 시대를 극복할 수 있습니다. 숲은 일상과 동떨어진 곳이 아니라, 인간과 야생동물을 포함한 모든 생명이 살아가는 세계이기도 합니다. 아마존의 열대우림에서부터 집 앞의 가로수까지. 숲과 나무를 위해 할 수 있는 행동에 동참해 주세요.

　모두의 노력과 희망이 모여야만, 숲과 지구를 구할 수 있습니다. 기억하세요. 나무도 우리와 같은 생명이라는 사실을.

# 숲이라는 세계

**초판 1쇄** 발행일 2024년 1월 2일

**지은이** 최진우

**그린이** 도아마

**펴낸이** 김상기

**펴낸곳** 리마인드

**출판등록** 제2021-000076호(2021년 9월 27일)

**주소** 서울특별시 은평구 응암로14길 1-15, 801호

**전화** 070-8064-4518  **팩스** 0504-475-6075

**이메일** remindbooks@naver.com


**편집** 김상기  **디자인** 나침반

**인쇄·제본** 명지북프린팅


**ISBN** 979-11-979637-5-9 44300

      979-11-979637-3-5 44080 (세트)